NAS PRÓXIMAS PÁGINAS, VOCÊ APRENDERÁ AS LETRAS DO ALFABETO NAS FORMAS CURSIVAS, MAIÚSCULAS E MINÚSCULAS. PARA COMEÇAR, VAMOS PINTAR A SEQUÊNCIA ALFABÉTICA?

ABCDEFGHI
JKLMNOPQR
STUVWXYZ

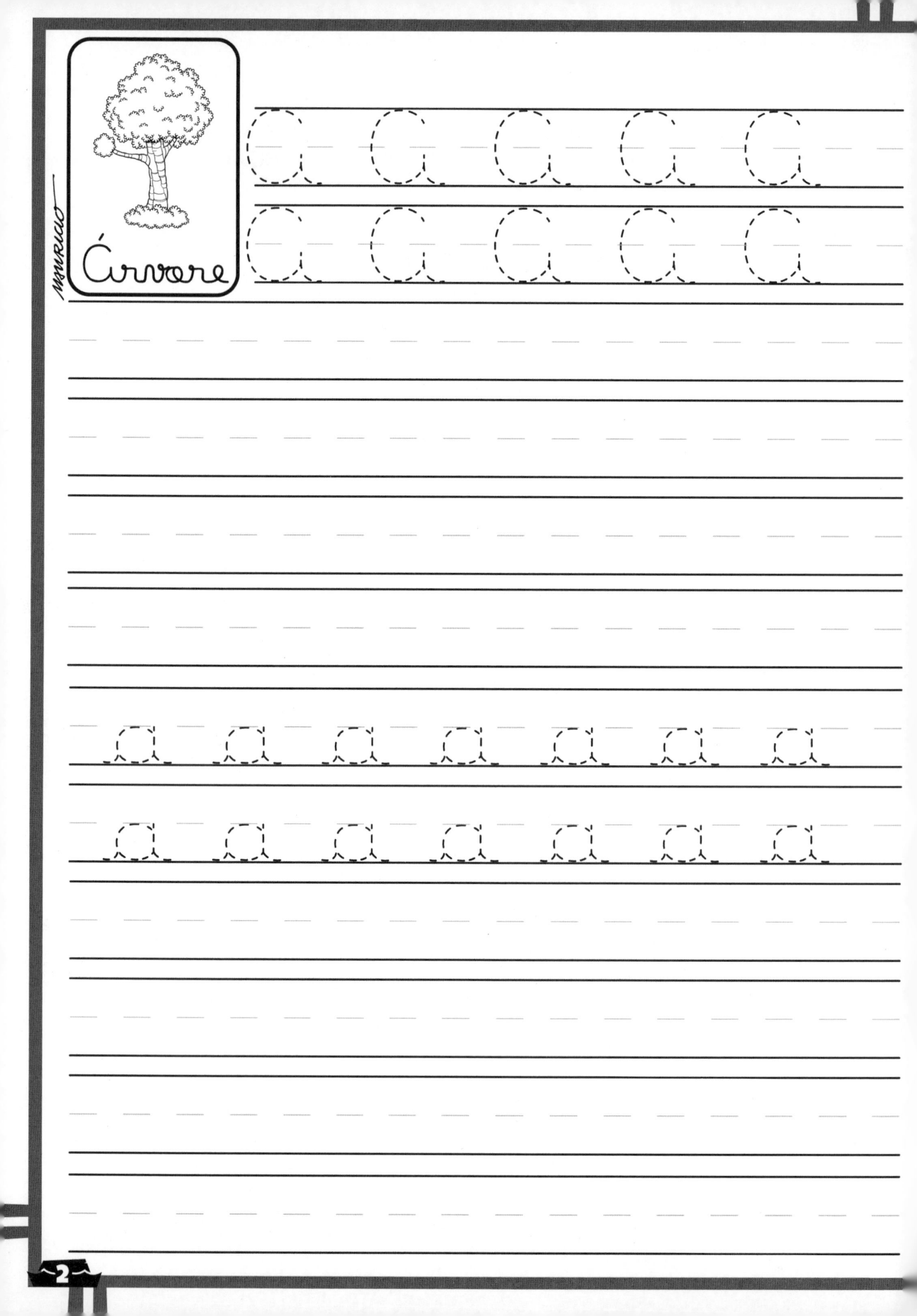

Árvore

MAURÍCIO

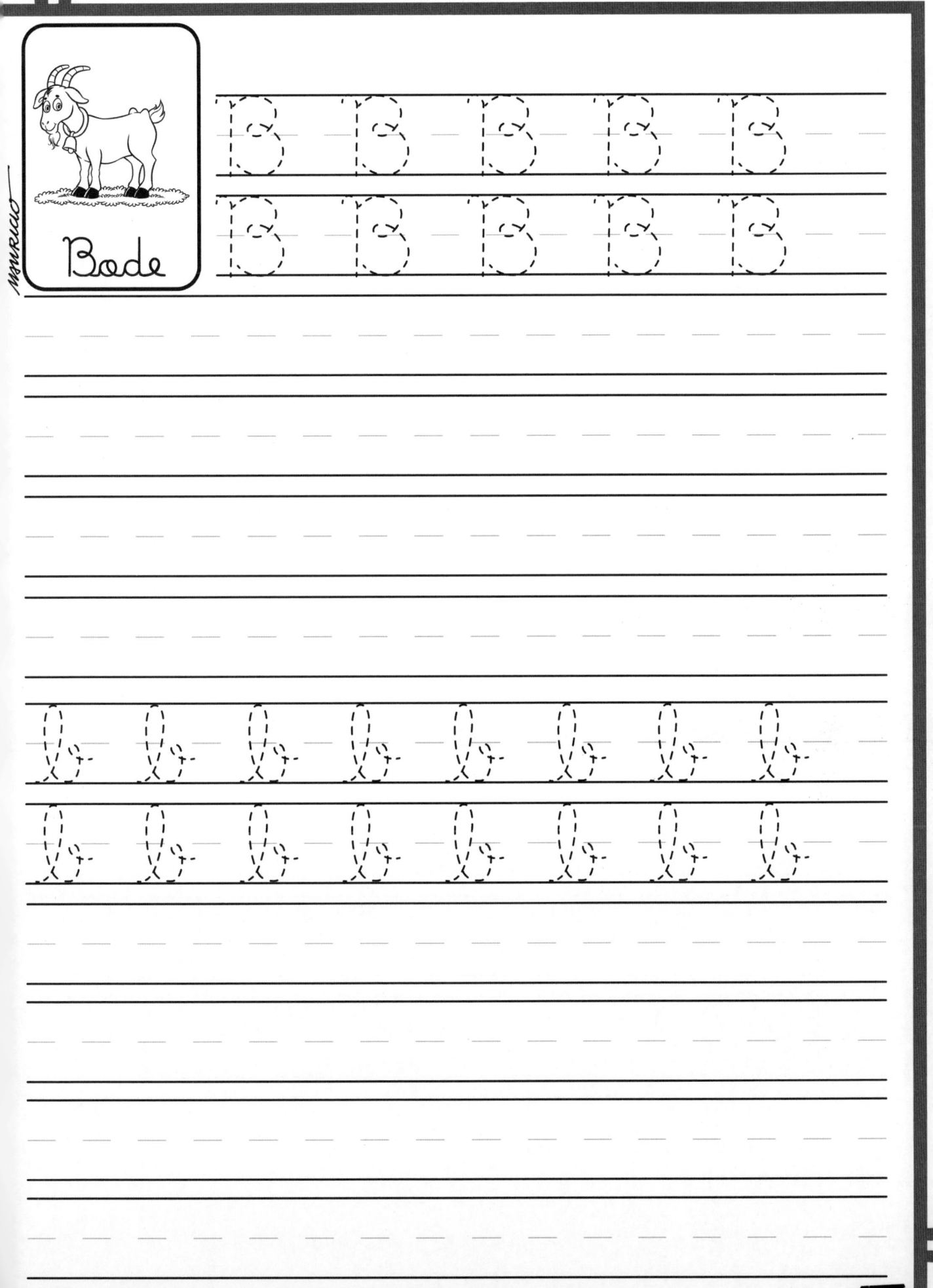

Bode

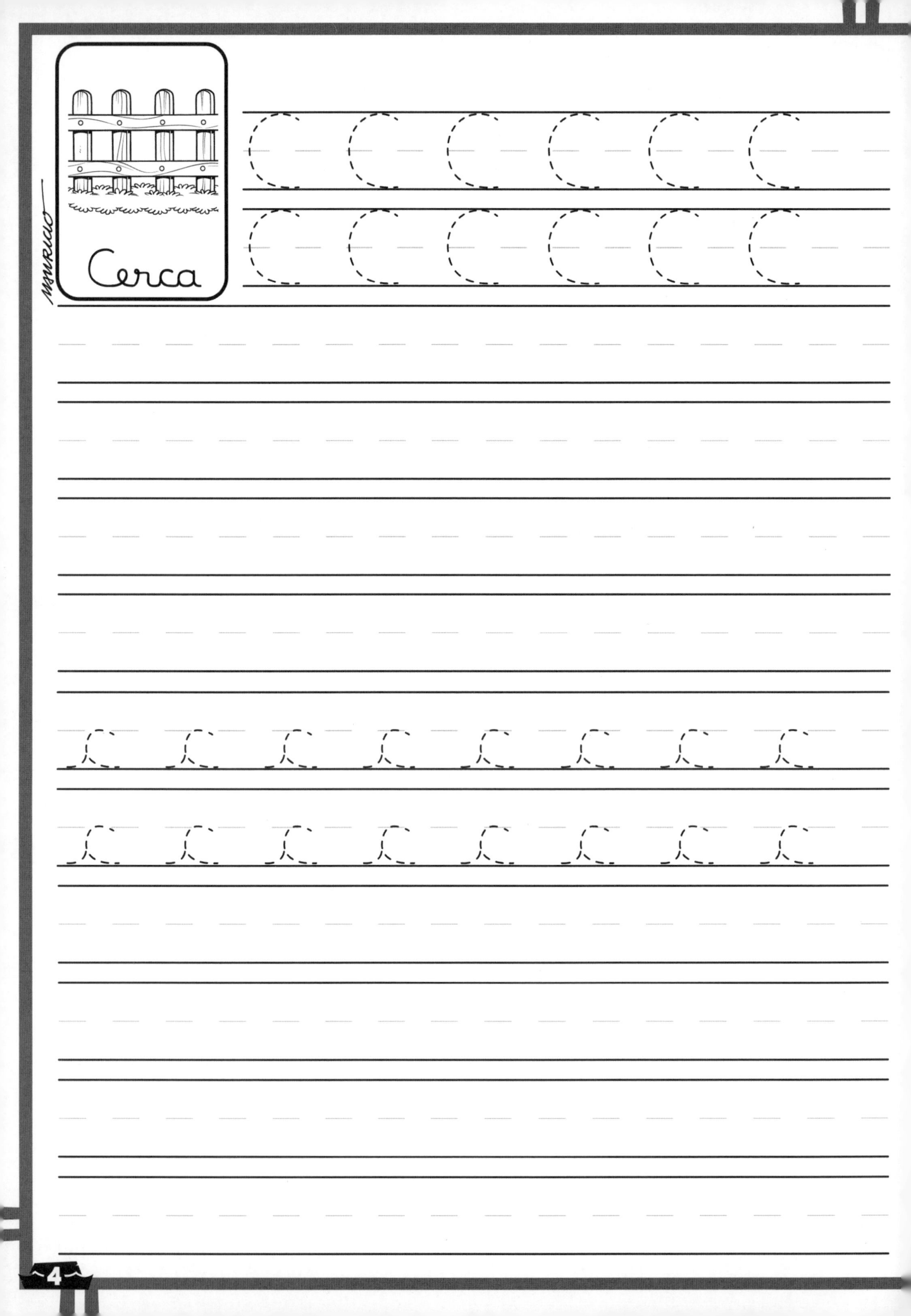

Cerca

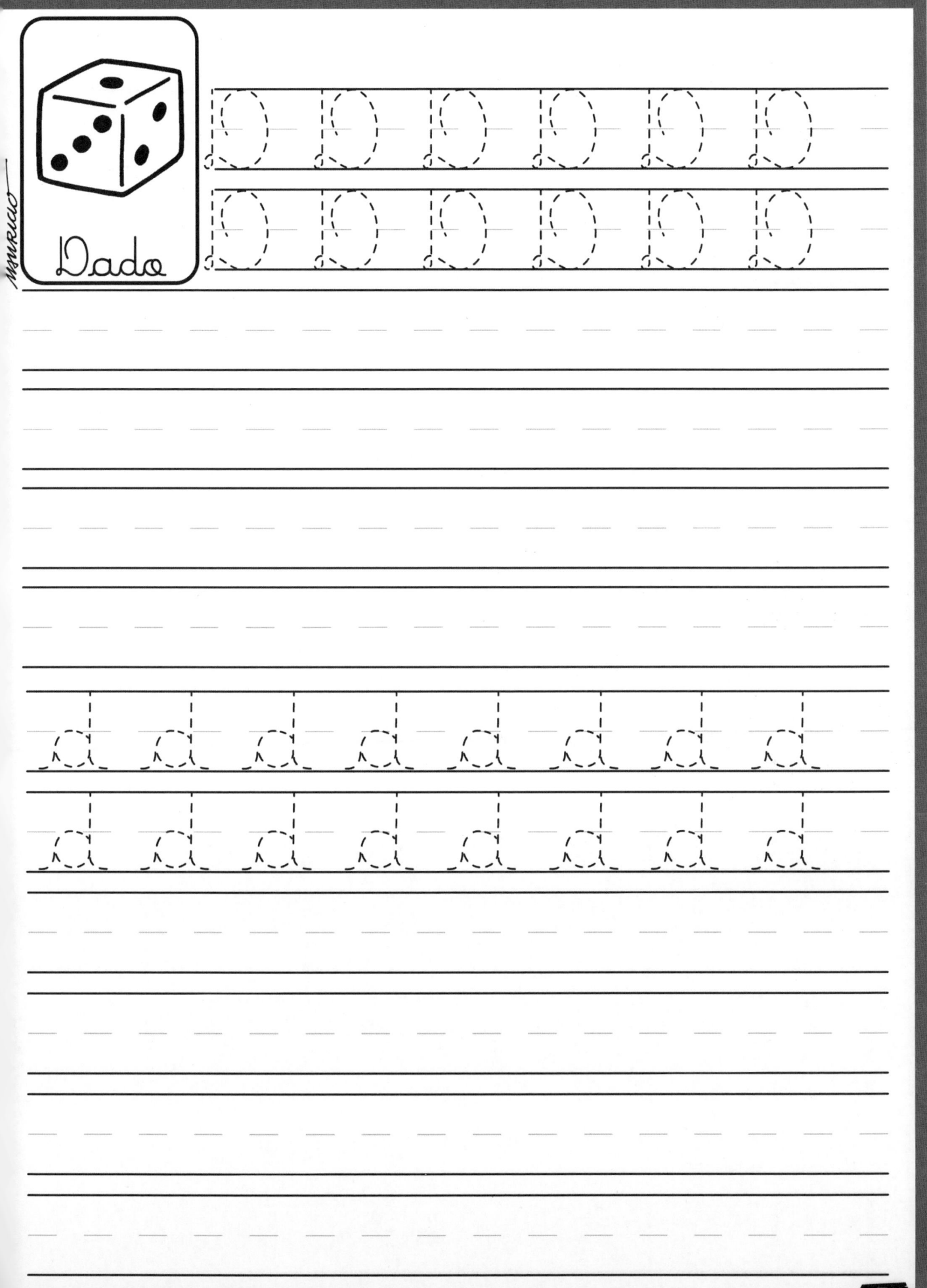

Dado

D D D D D D D
D D D D D D D

d d d d d d d d
d d d d d d d d

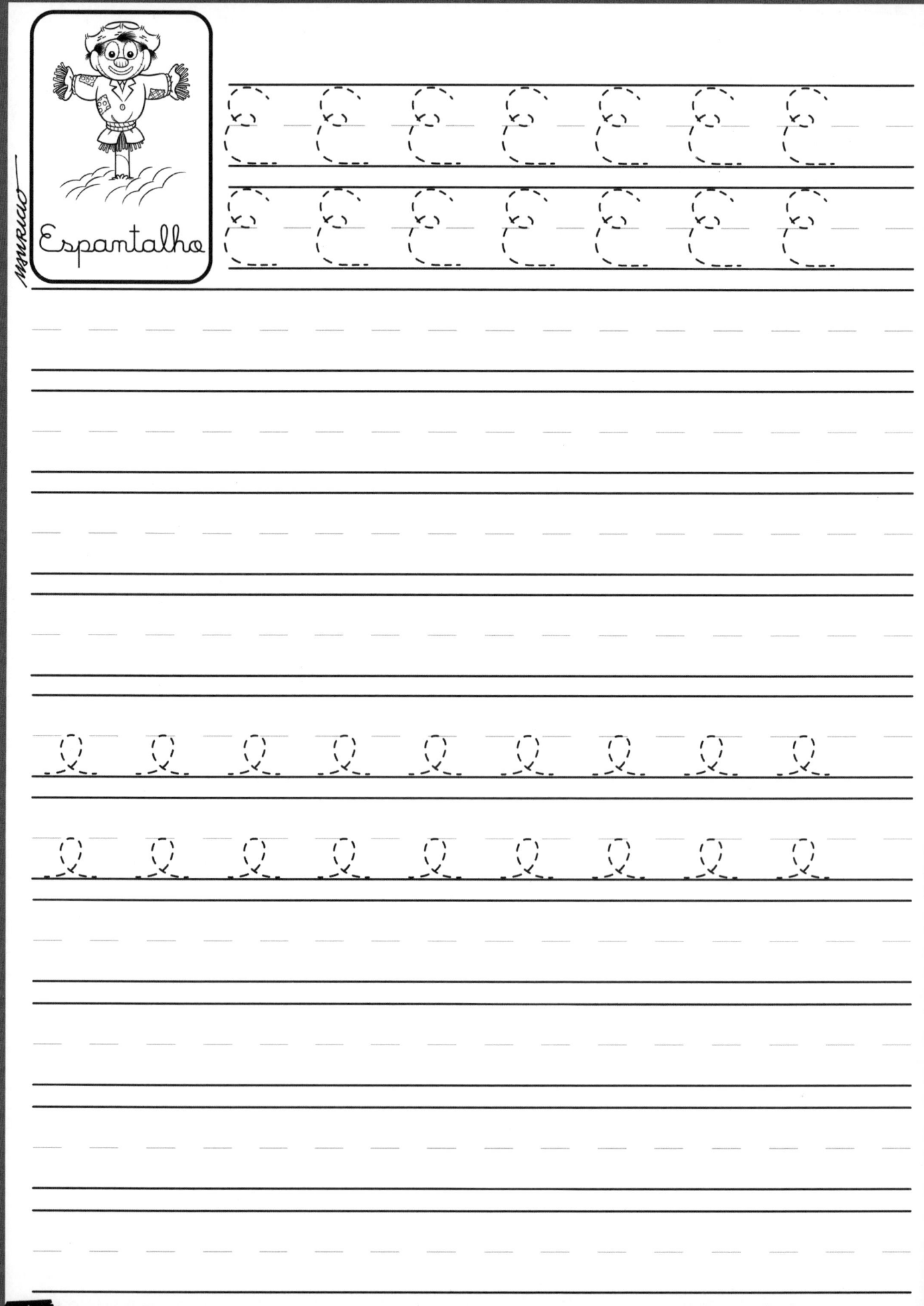

Espantalho

Flor

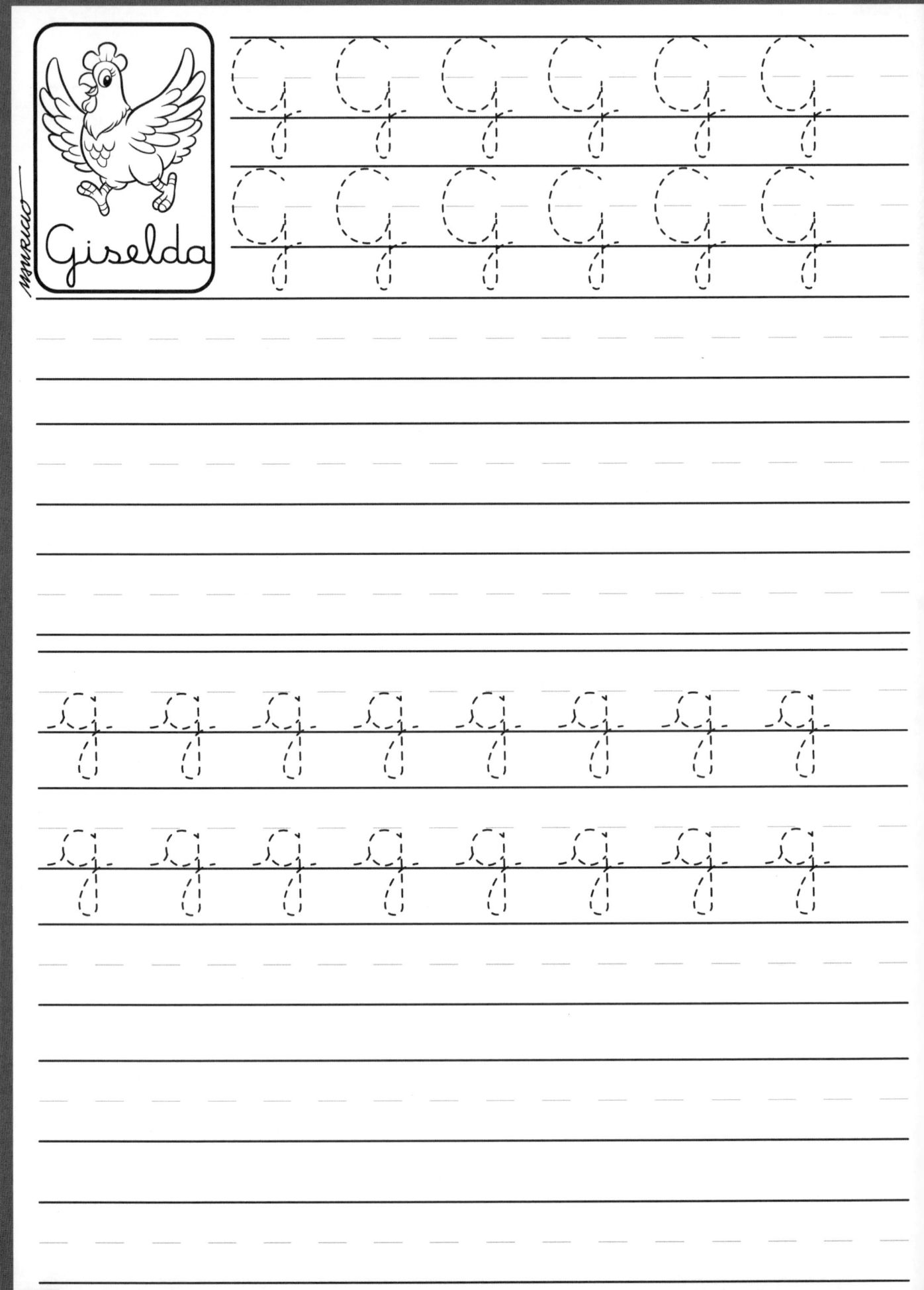

Giselda

Hiro

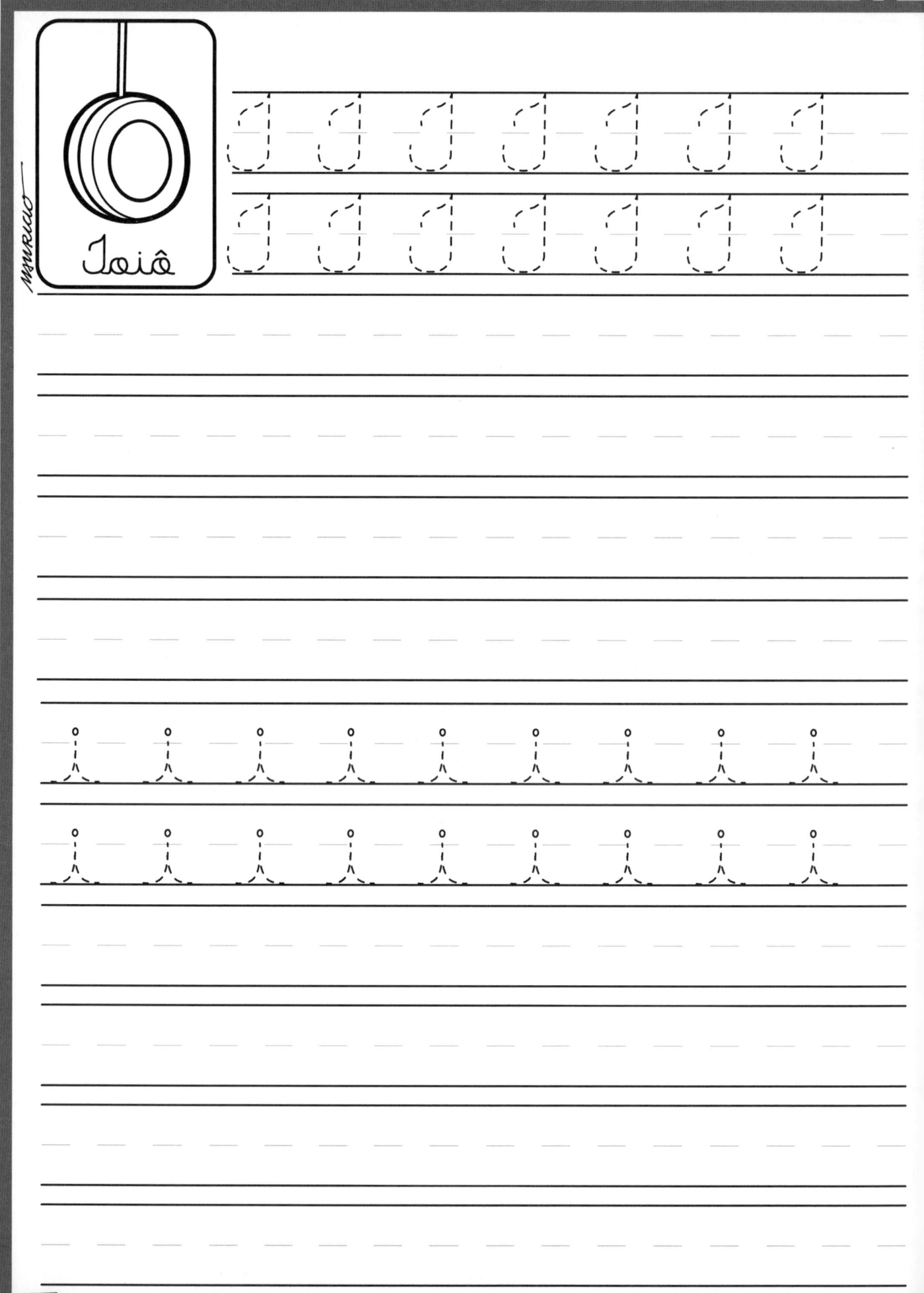

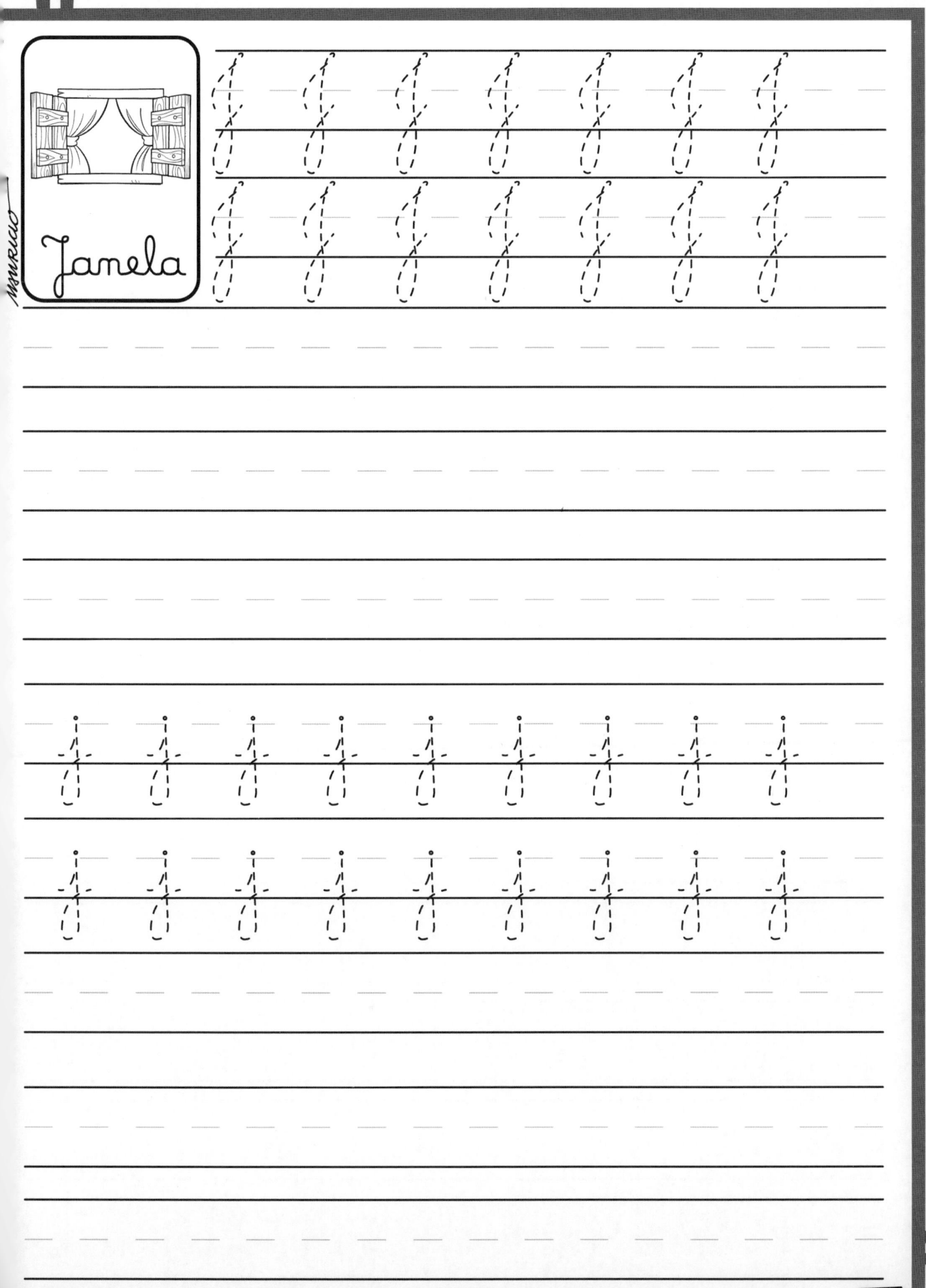

Janela

Kiwi

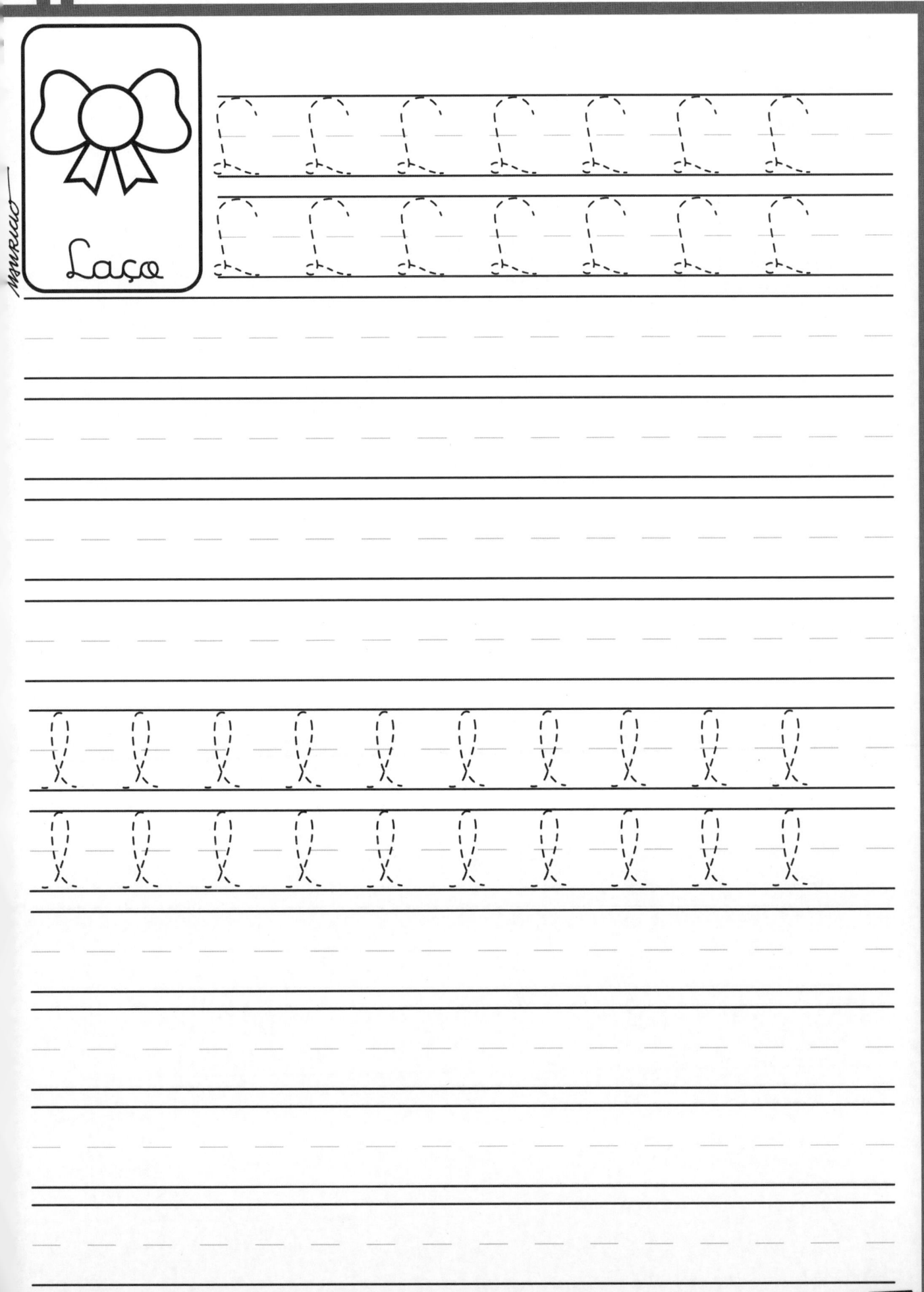

Laço

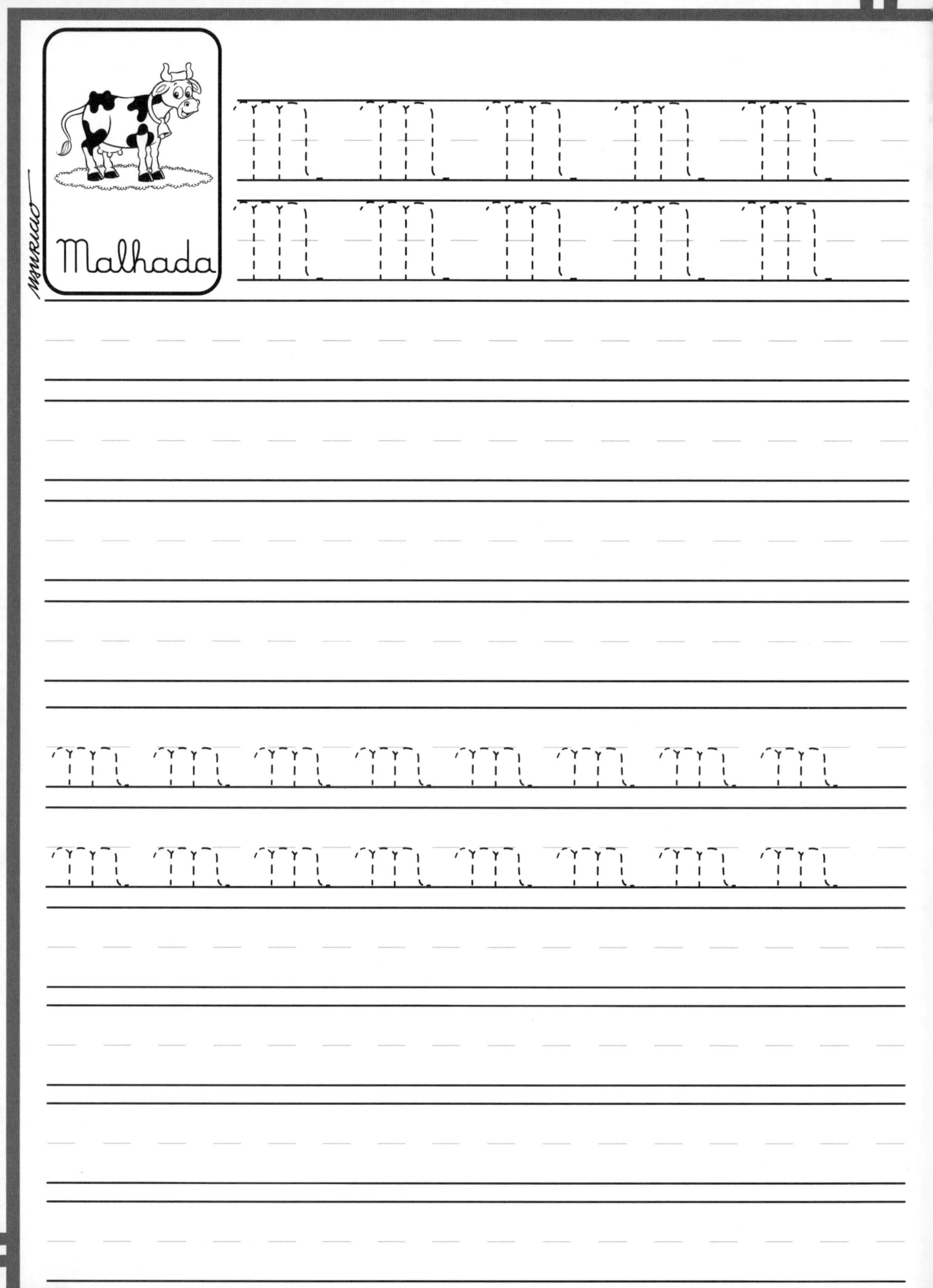

Malhada

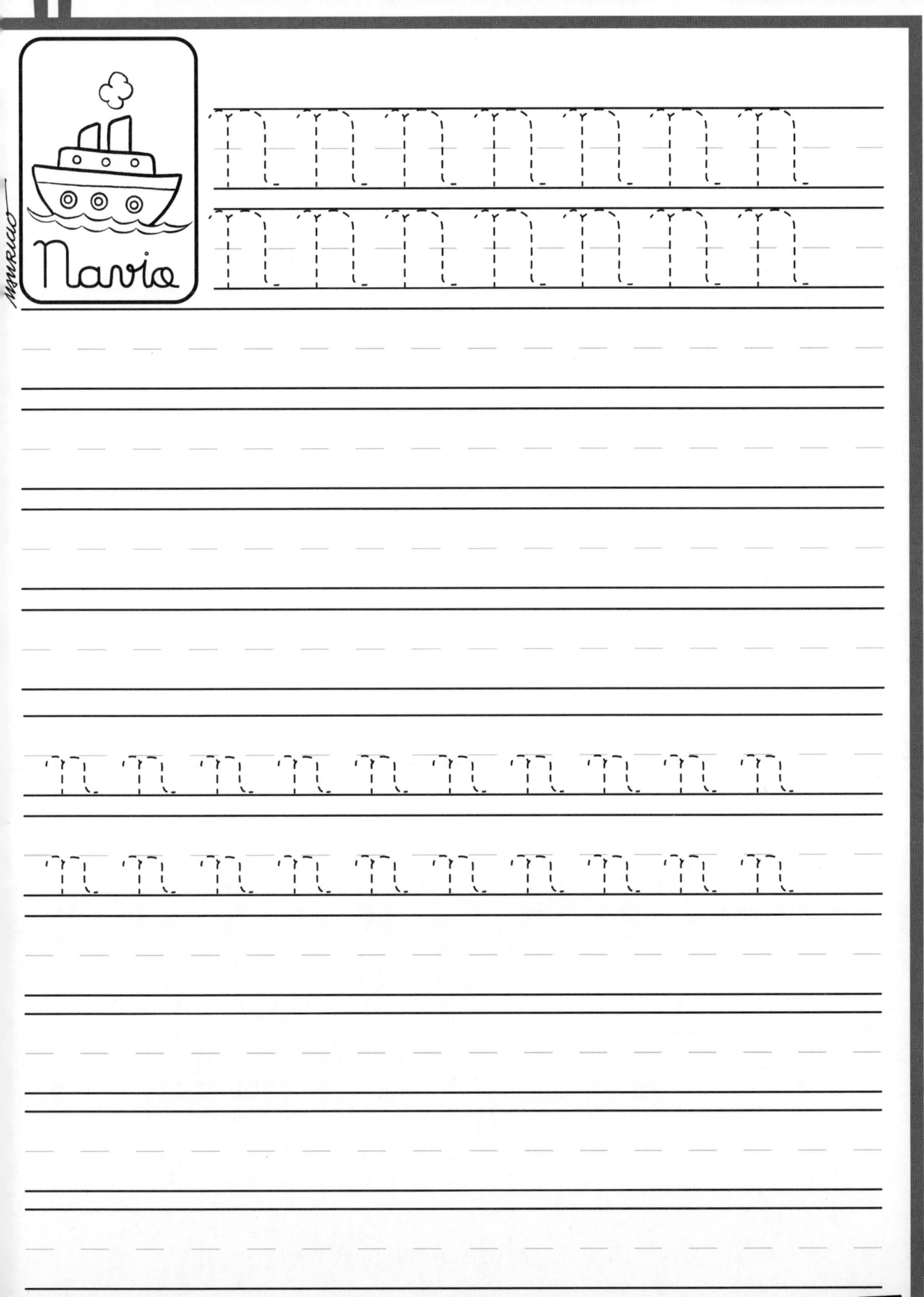

Navio

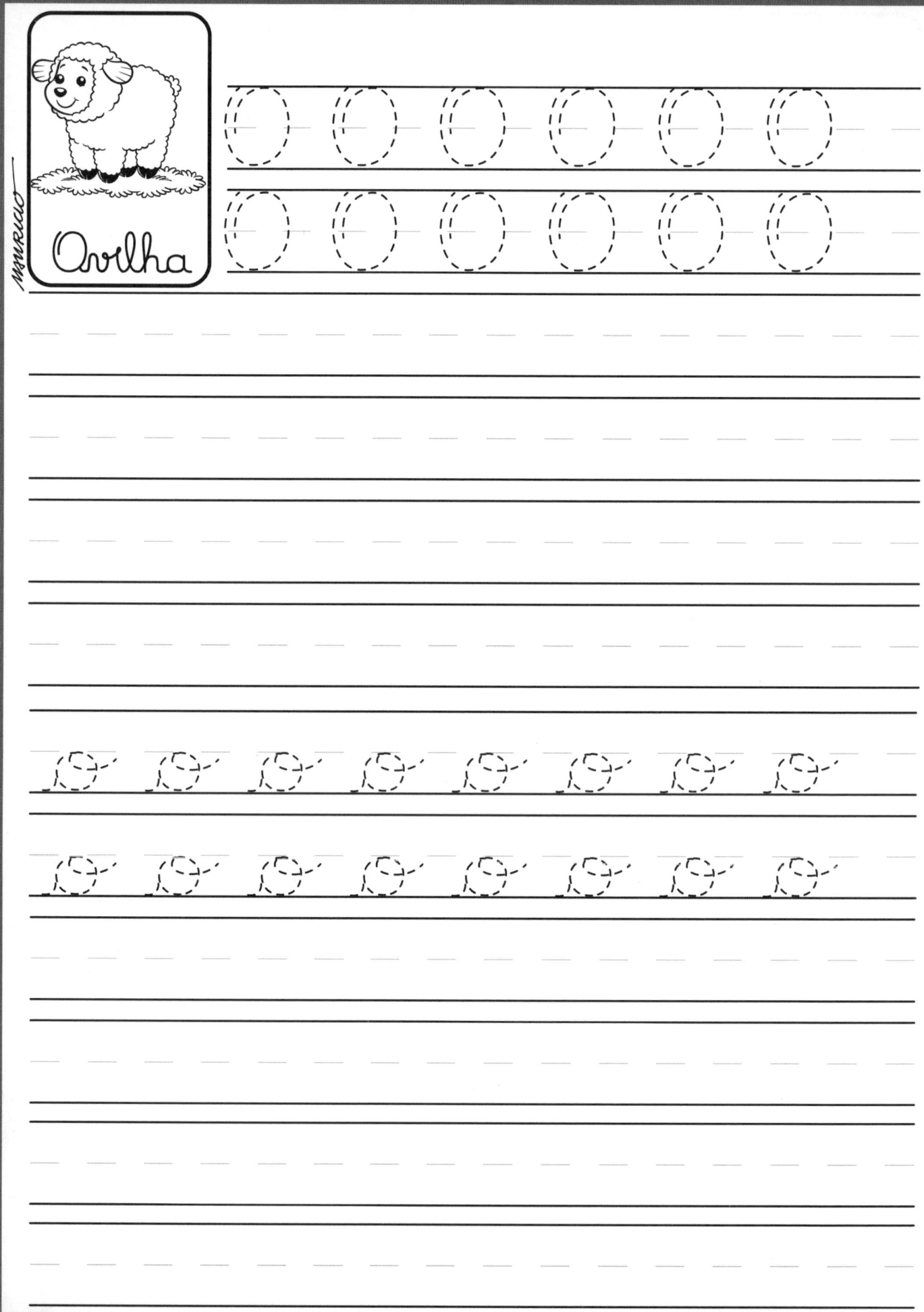

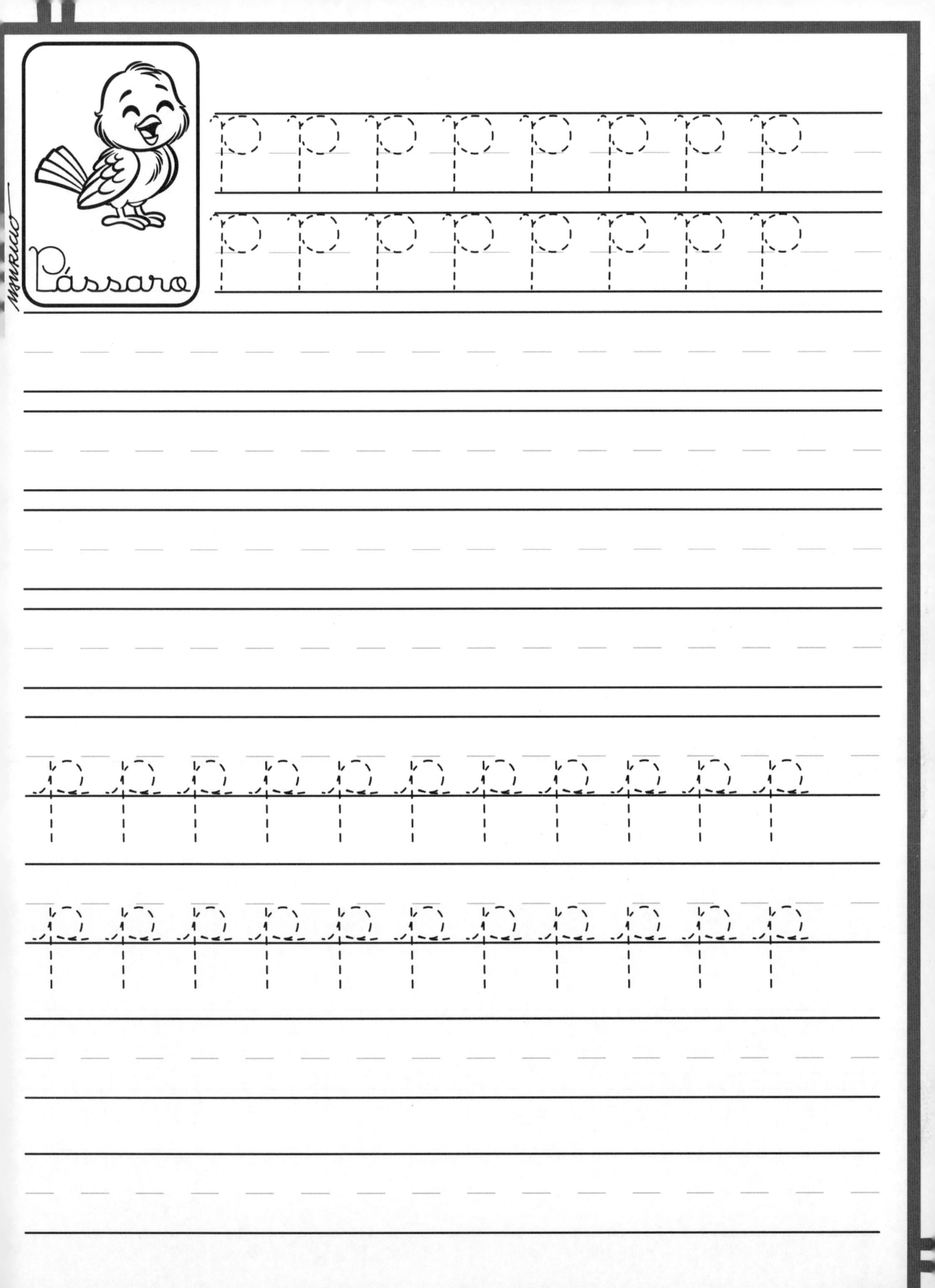

Pássaro

P P P P P P P P

P P P P P P P P

p p p p p p p p p p

p p p p p p p p p p

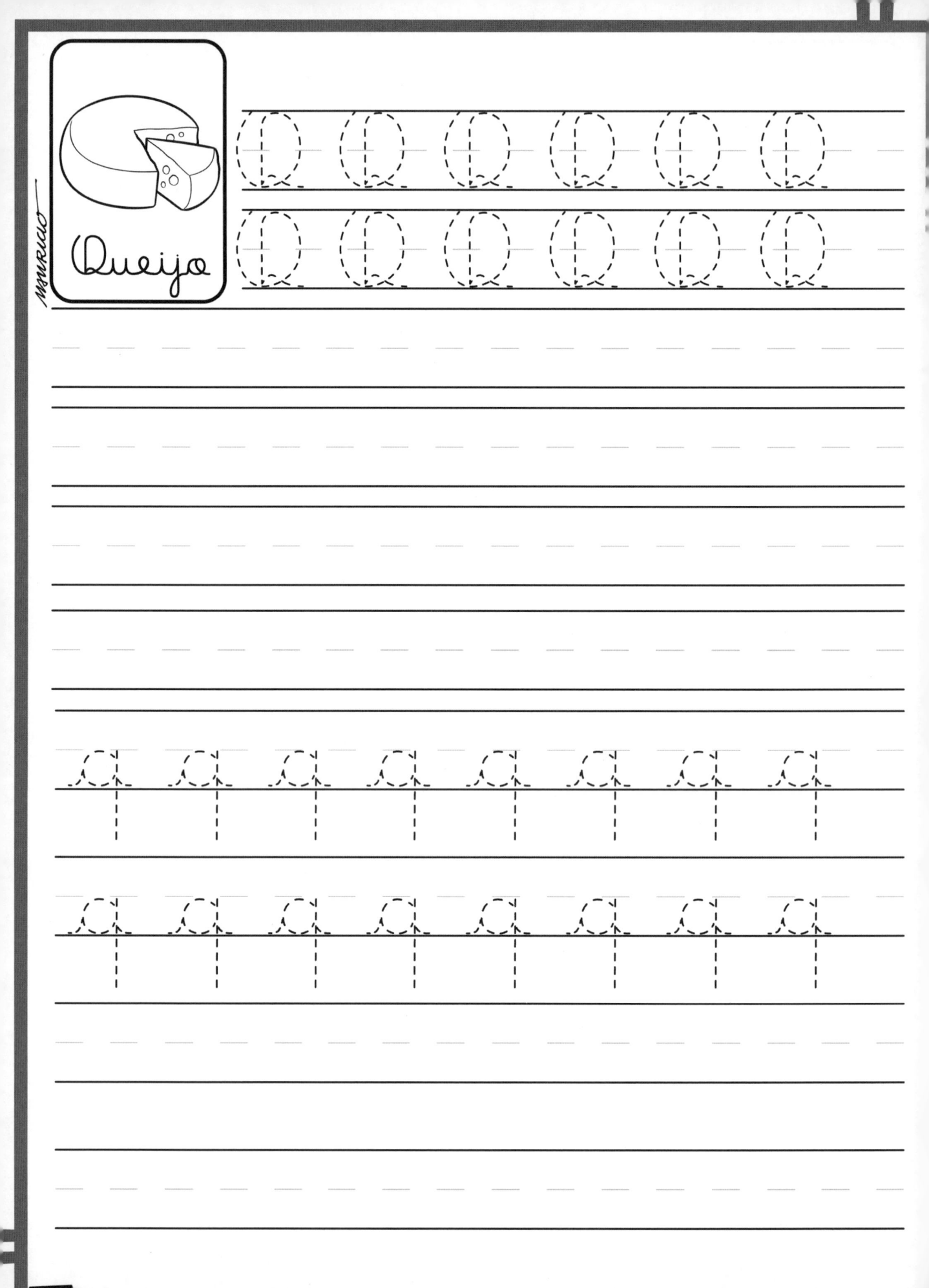

Queijo

Rosinha

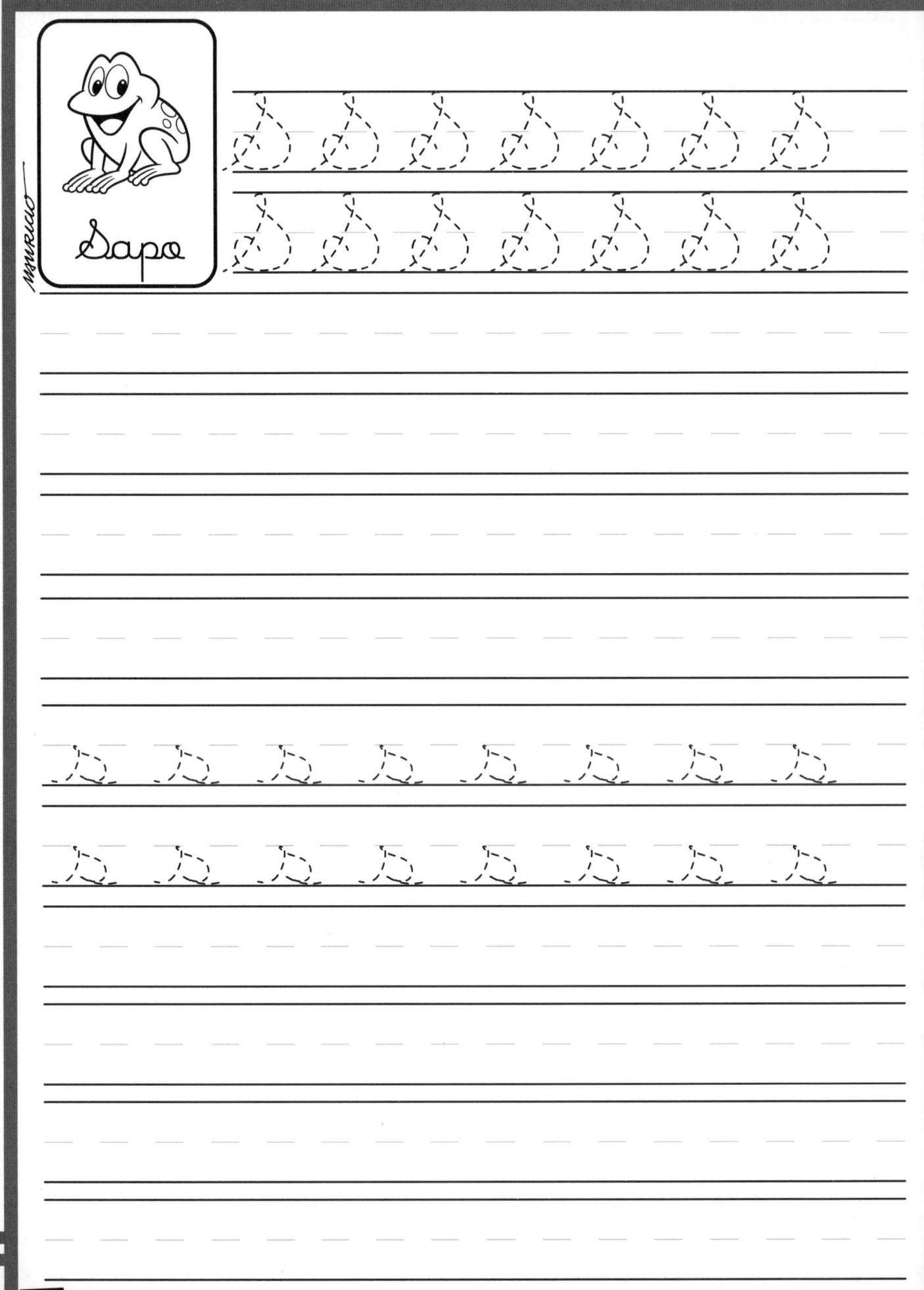

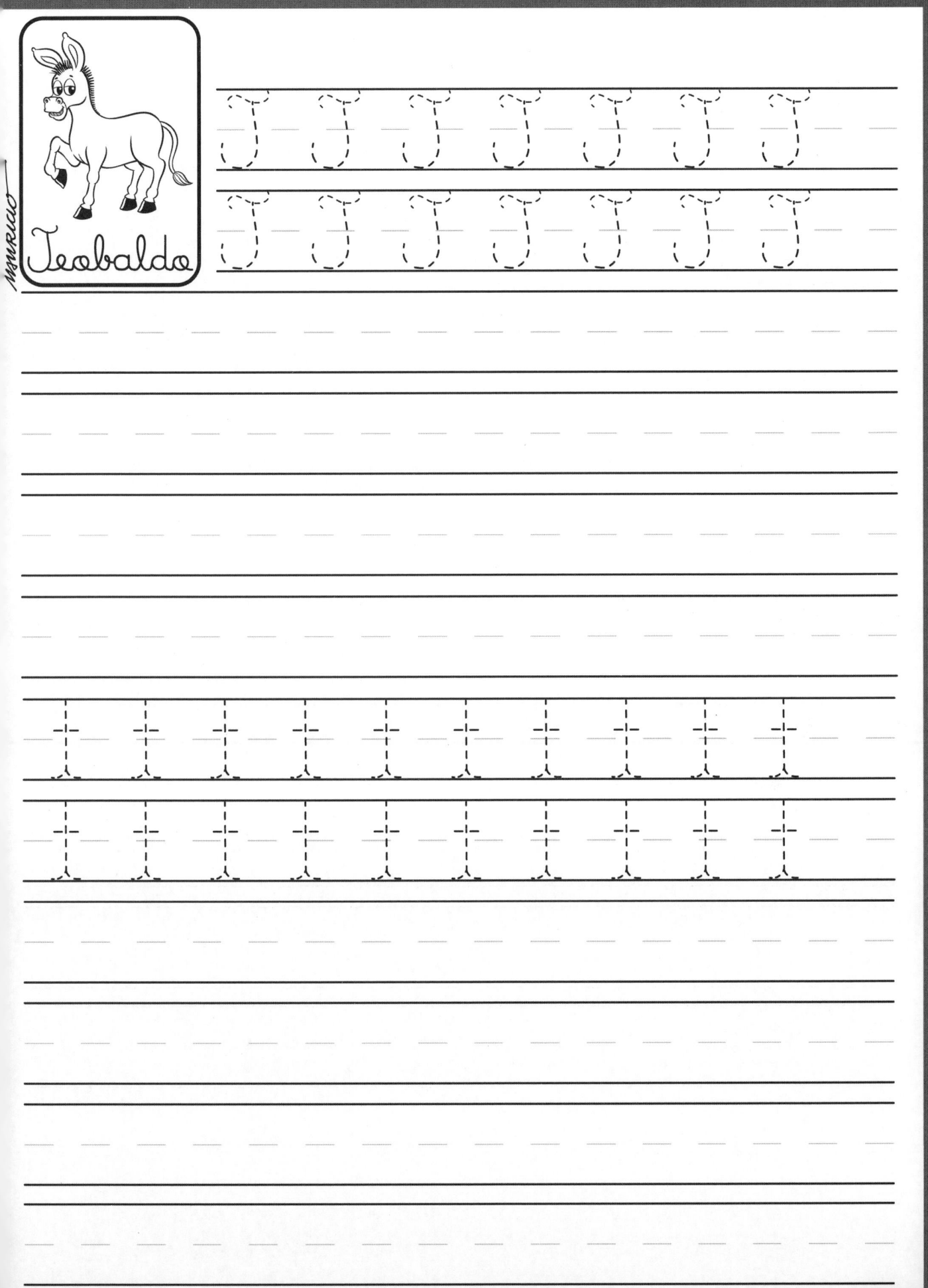

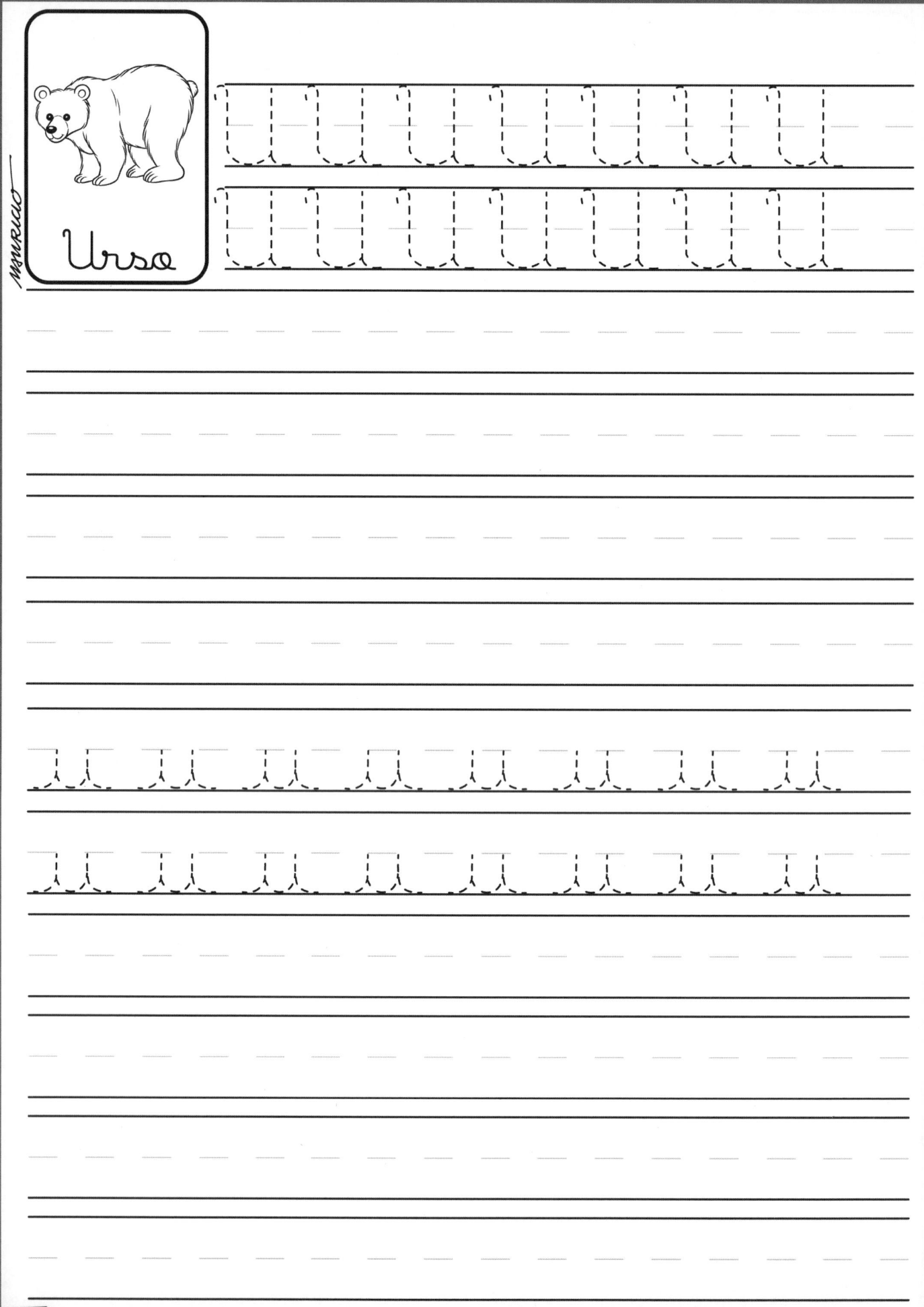

Urso

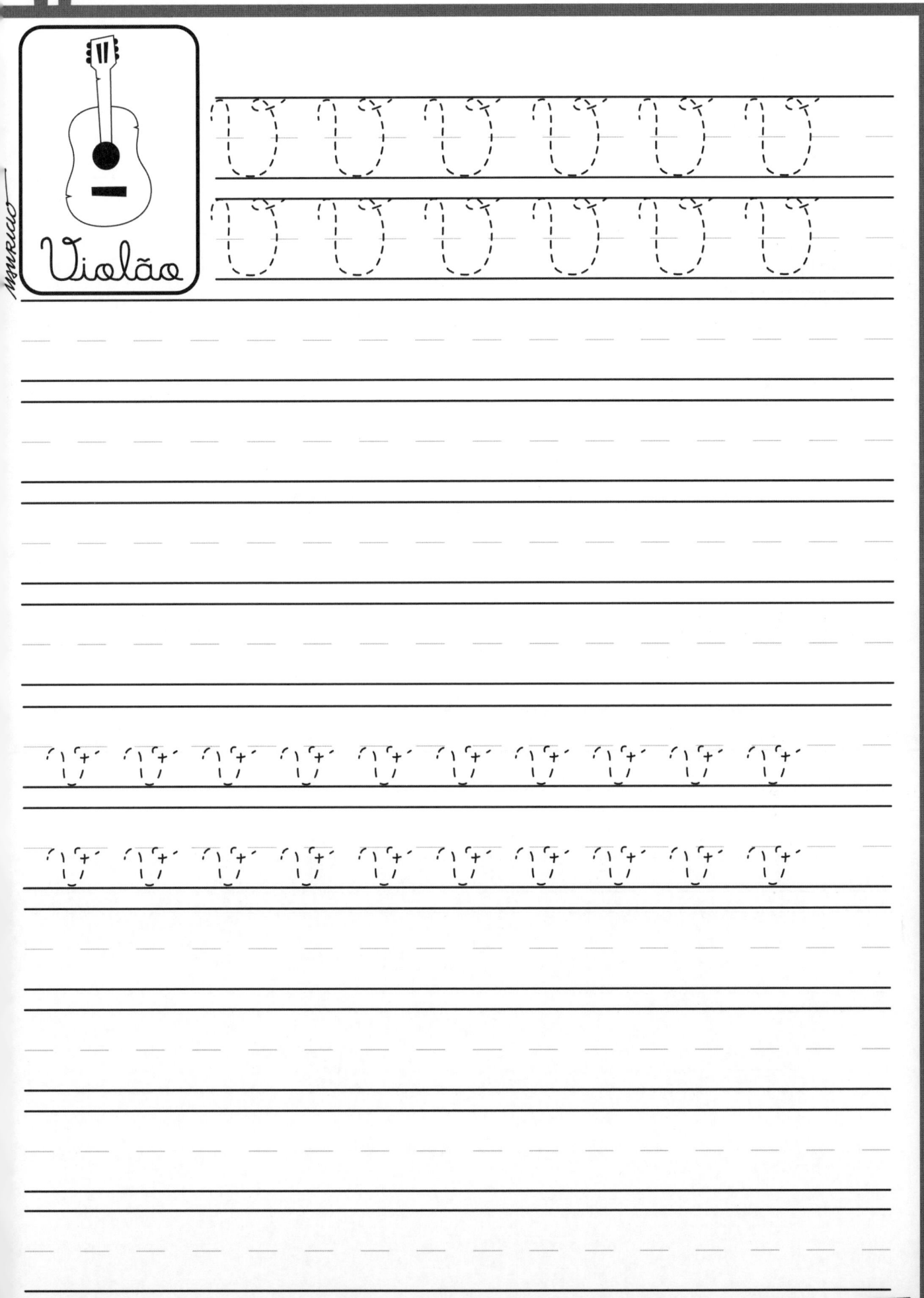

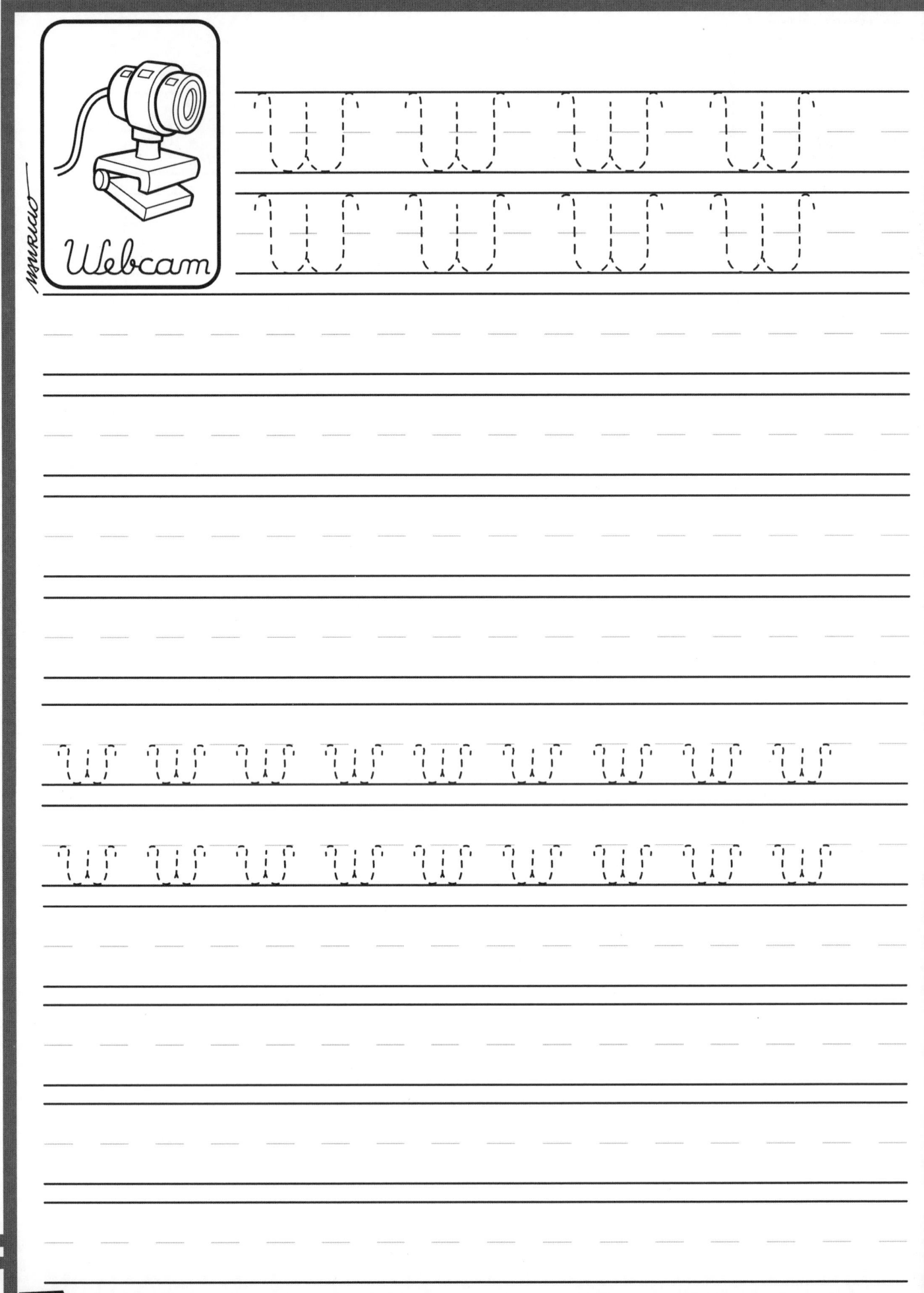

Webcam

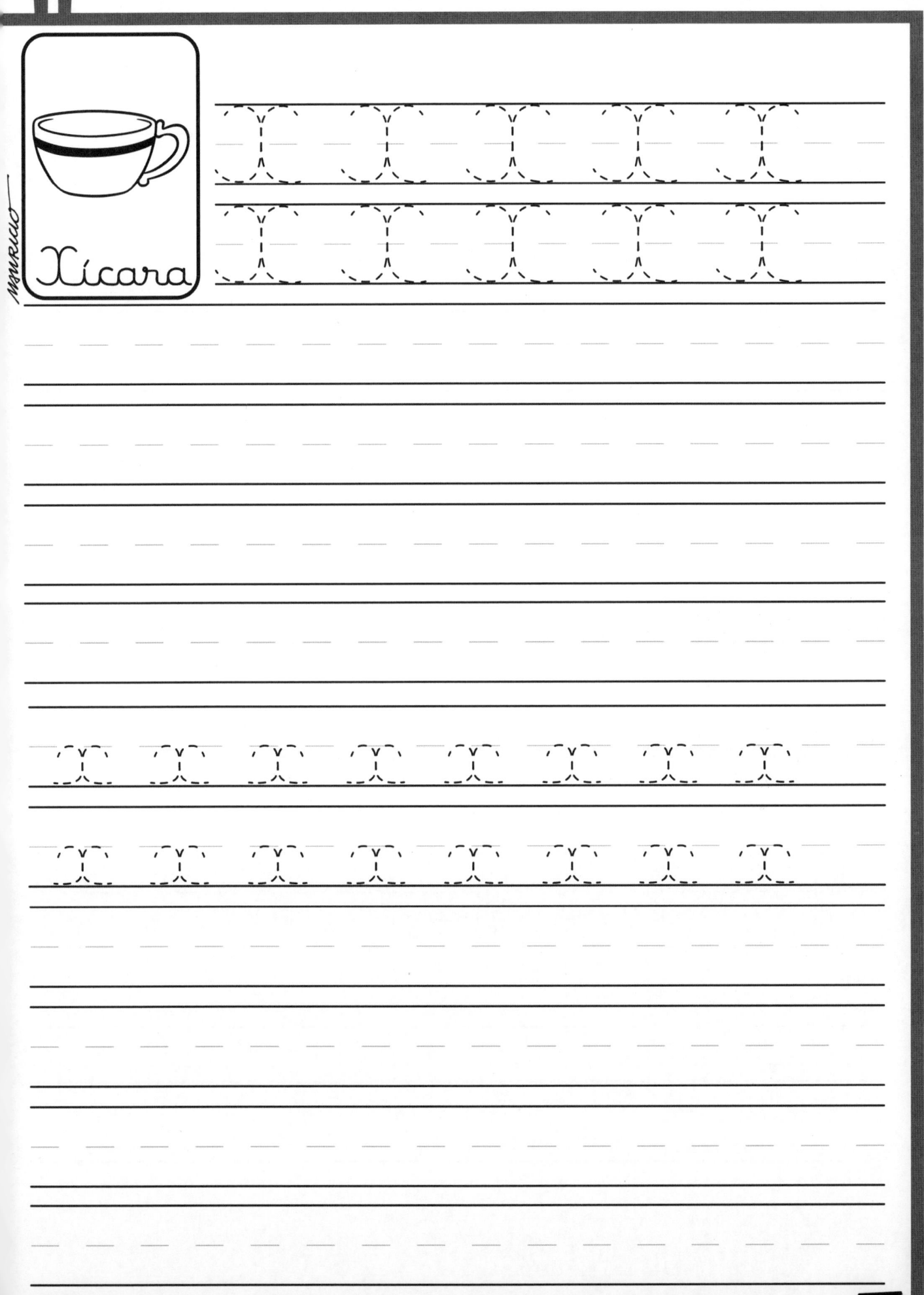

Xícara

MAURICIO

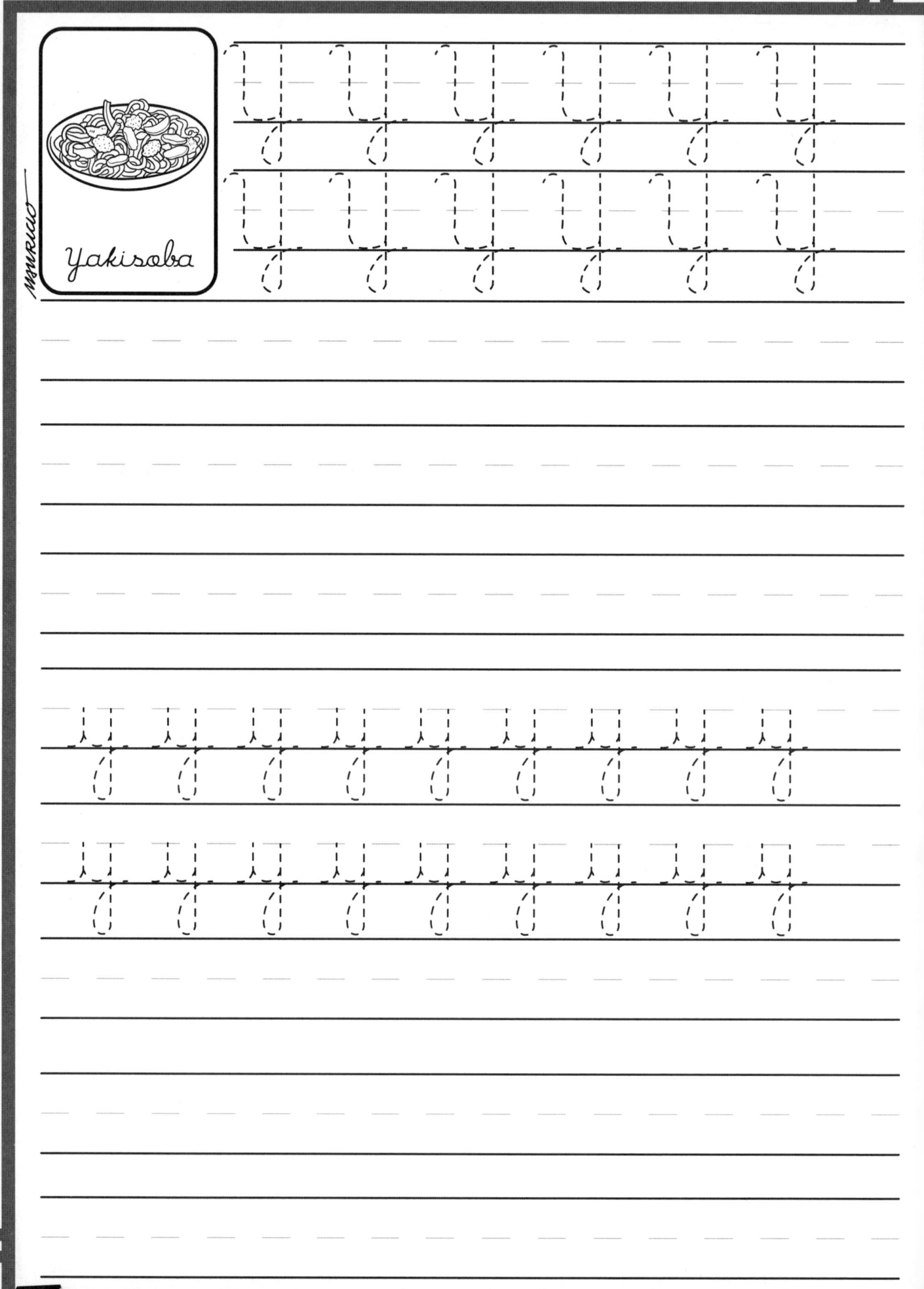

Yakisoba

ESCREVA O SEU NOME NO ESPAÇO ABAIXO.
DEPOIS, LOCALIZE AS LETRAS QUE USOU
PARA ESCREVER E PINTE-AS.

SEU NOME:

A B C D E
F G H I J K
L M N O P
Q R S T U V
W X Y Z

PARA QUE O CHICO BENTO TIRE A MAIOR NOTA NA PROVA DE PORTUGUÊS, COMPLETE OS QUADRADINHOS CONFORME INDICADO.

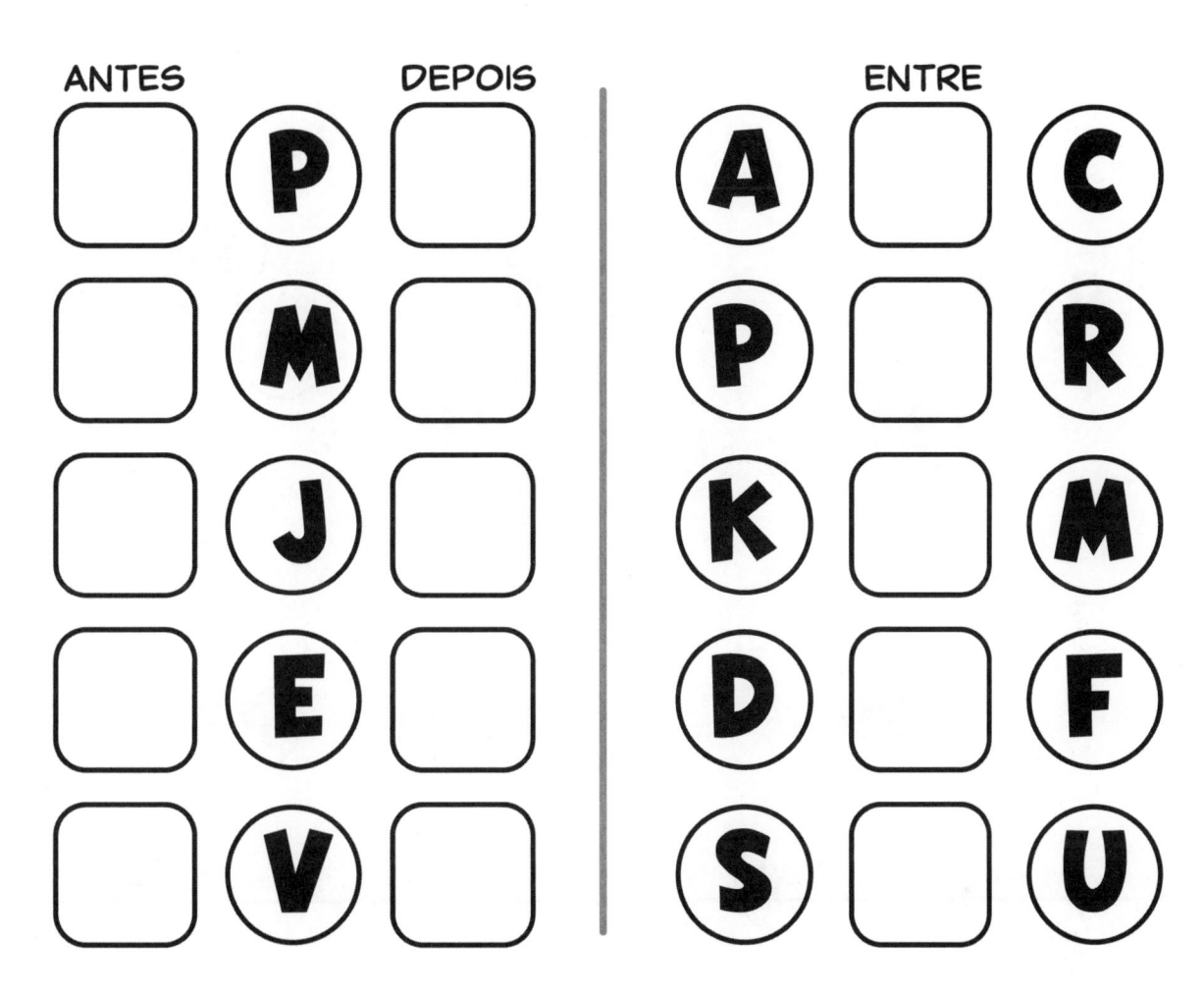

ANTES — DEPOIS

ENTRE

CHICO ADORA PASSEAR COM O TEOBALDO, RESPIRAR
AR PURO E VIVER JUNTO DA FAUNA E DA FLORA!
DESCUBRA A TRILHA QUE ELES FIZERAM,
SEGUINDO O ALFABETO DO INÍCIO AO FIM.

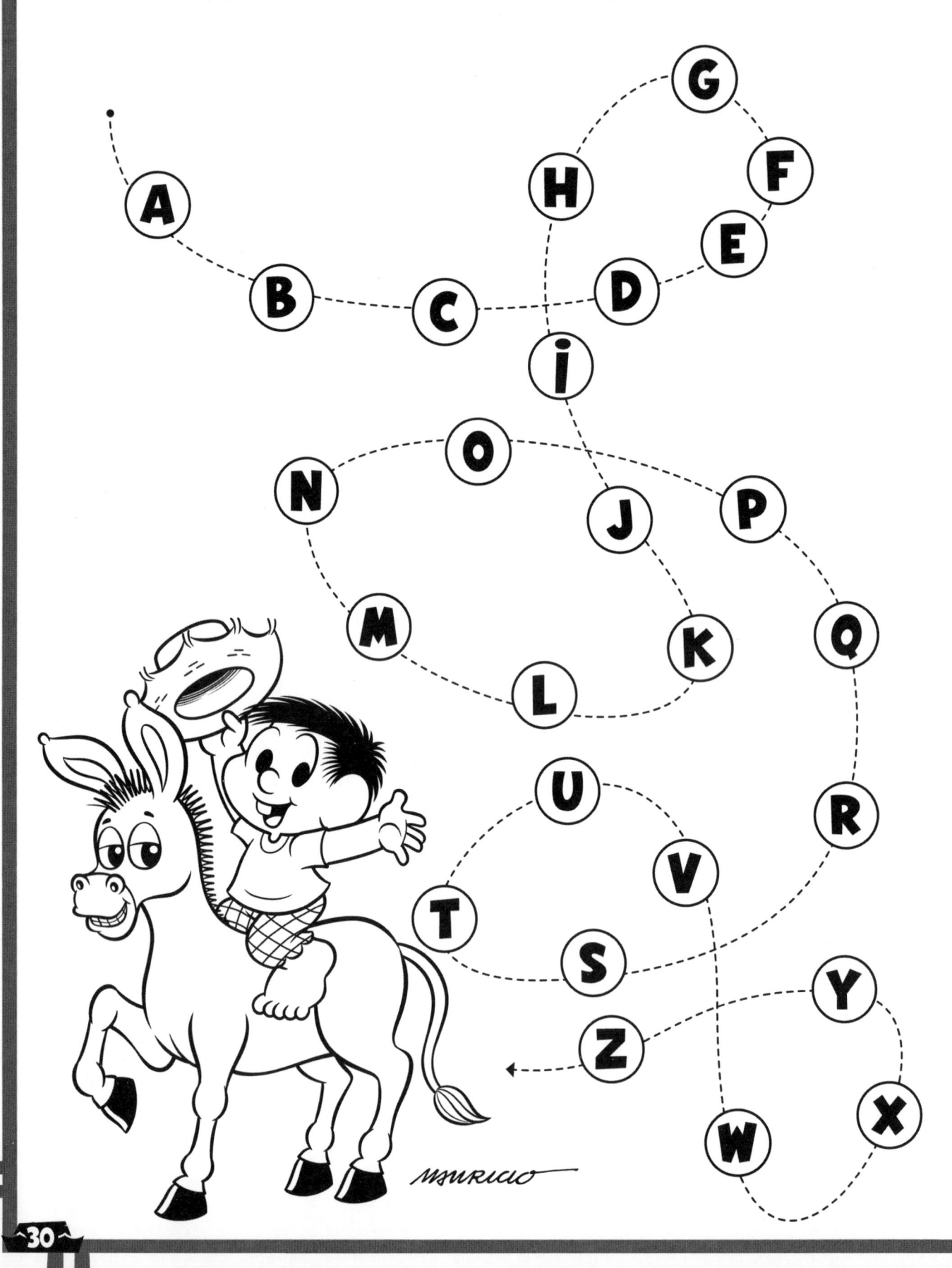

PINTE PRIMEIRO A FIGURA EM QUE O NOME COMEÇA COM A LETRA **L**.

CHICO BENTO VEIO DIZER QUE A TURMA DA VILA ABOBRINHA ADOROU A SUA COMPANHIA. ATÉ A PRÓXIMA!